BEI GRIN MACHT SICH IHR WISSEN BEZAHLT

- Wir veröffentlichen Ihre Hausarbeit, Bachelor- und Masterarbeit

- Ihr eigenes eBook und Buch - weltweit in allen wichtigen Shops

- Verdienen Sie an jedem Verkauf

Jetzt bei www.GRIN.com hochladen und kostenlos publizieren

Bibliografische Information der Deutschen Nationalbibliothek:

Die Deutsche Bibliothek verzeichnet diese Publikation in der Deutschen National-bibliografie; detaillierte bibliografische Daten sind im Internet über http://dnb.d-nb.de/ abrufbar.

Dieses Werk sowie alle darin enthaltenen einzelnen Beiträge und Abbildungen sind urheberrechtlich geschützt. Jede Verwertung, die nicht ausdrücklich vom Urheberrechtsschutz zugelassen ist, bedarf der vorherigen Zustimmung des Verlages. Das gilt insbesondere für Vervielfältigungen, Bearbeitungen, Übersetzungen, Mikroverfilmungen, Auswertungen durch Datenbanken und für die Einspeicherung und Verarbeitung in elektronische Systeme. Alle Rechte, auch die des auszugsweisen Nachdrucks, der fotomechanischen Wiedergabe (einschließlich Mikrokopie) sowie der Auswertung durch Datenbanken oder ähnliche Einrichtungen, vorbehalten.

Impressum:

Copyright © 2019 GRIN Verlag
Druck und Bindung: Books on Demand GmbH, Norderstedt Germany
ISBN: 9783346084118

Dieses Buch bei GRIN:

https://www.grin.com/document/510520

S.-M. T.

Gruppenworkout mit Kurzhanteln für Teilnehmer zwischen 20-55 Jahren

Unterrichtsplanung für ein Kursangebot

GRIN Verlag

GRIN - Your knowledge has value

Der GRIN Verlag publiziert seit 1998 wissenschaftliche Arbeiten von Studenten, Hochschullehrern und anderen Akademikern als eBook und gedrucktes Buch. Die Verlagswebsite www.grin.com ist die ideale Plattform zur Veröffentlichung von Hausarbeiten, Abschlussarbeiten, wissenschaftlichen Aufsätzen, Dissertationen und Fachbüchern.

Besuchen Sie uns im Internet:

http://www.grin.com/

http://www.facebook.com/grincom

http://www.twitter.com/grin_com

Deutsche Hochschule für
Prävention und Gesundheitsmanagement
Hermann Neuberger Sportschule 3
66123 Saarbrücken

Bitte ankreuzen:

Hausarbeit

x Skript

Modul:	Gruppentraining 4
Studiengang:	BFT
Datum Präsenzphase:	11.03.19-14.03.19
Studienort:	Frankfurt- Eschborn Süd
Aufgabe:	Erstellung eines Skriptes über eine Lehrprobe des Kursangebots: Workout mit Kurzhanteln.

Inhaltsverzeichnis

1 Gruppenworkout mit Kurzhanteln

Das Gruppenworkout mit Kurzhanteln ist ein Ganzkörper-Training, bei dem der Fokus auf moderater Gewichtsbelastung und hoher Wiederholungszahl liegt. Die Gewichte sind individuell und flexibel einsetzbar und unterstützen die Kräftigungsübungen in der Intensität. Durchgeführt wird das Workout zu motivierender Musik und unter Anleitung und Betreuung eines ausgebildeten Trainers.

Trainingsziel ist die Verbesserung der Kraftausdauerleistung der Hauptmuskelgruppen, wobei speziell die Rumpfmuskulatur im Vordergrund steht.

Die benötigten Materialien, Gymnastikmatte und Kurzhanteln, liegen im Kursraum bereit.

1.1 Zielgruppe

Die Zielgruppe sind männliche und weibliche Teilnehmer, die zwischen 20 und 55 Jahren alt sind. Alle Teilnehmer besuchen seit ca. zwei Monaten regelmäßig mindestens einmal pro Woche die Kursstunde. Ihre Intention ist, ihr apparatives Krafttraining durch das Gruppenerlebnis und die Musik aufzulockern und sinnvoll mit Hanteltraining zu ergänzen.

Alle sind gut trainierbar und gut belastbar. Ausschlusskriterien sind gesundheitliche Einschränkungen jeglicher Art (z.B. Erkältung, aktuelle Bandscheibenvorfälle, subjektives Unwohlsein). Teilnehmen können bis zu 15 Personen. Das Kurslevel ist für Einsteiger.

1.2 Verwendete Musik

Die verwendete Musik beträgt im Warm-Up 125-130 bpm, da Aerobic Schritte zum Aufwärmen genutzt werden.

Im Hauptteil werden motivierende Lieder mit 100- 120 bpm gespielt, um die Übungsausführung gut auf den Takt der Musik abstimmen zu können *(eigene Musikzusammenstellung auf Spotify, siehe Abb. 1)*.

Das Cool Down hat 90 bpm oder weniger, um bei den Teilnehmern die Entspannung und den Ausklang der Stunde einleiten zu können. Bei Körperreisen wird kein Beat verwendet und mit ruhiger Stimme gesprochen.

TITEL	KÜNSTLER	ALBUM	🗓	⏱
Feel It Still - Ofenbach Remix	Portugal. The Man...	Feel It Still (Ofenb...	vor 3 Tagen	2:55
If I'm Lucky	Jason Derulo	If I'm Lucky	vor 3 Tagen	3:32
Pumped Up - Ryan Riback Remix	Klingande, Ryan Ri...	Pumped Up (Ryan ...	vor 3 Tagen	3:00
Rock Your Body	Justin Timberlake	Justified	vor 3 Tagen	4:27
Hips Don't Lie	Shakira, Wyclef Je...	Oral Fixation, Vol. ...	vor 3 Tagen	3:38
Crazy In Love	Beyoncé, JAY Z	Dangerously In Love	vor 3 Tagen	3:56
Problem	Ariana Grande, Ig...	Problem	vor 3 Tagen	3:14
Worth It	Fifth Harmony, Ki...	Reflection (Deluxe)	vor 3 Tagen	3:45
How Deep Is Your Love	Calvin Harris, Disc...	How Deep Is Your ...	vor 3 Tagen	3:33
The Only Way Is Up	Martin Garrix, Tiës...	Club Life, Vol. 4 - ...	vor 3 Tagen	4:18
Runaway (U & I)	Galantis	Pharmacy	vor 3 Tagen	3:47
Wombass	Tiësto, Oliver Held...	Wombass	vor 3 Tagen	4:00
Light It Up (feat. Nyla & Fuse ODG) [Remix]	Major Lazer, Nyla,...	Peace Is The Missi...	vor 3 Tagen	2:46
Intoxicated - Radio Edit	Martin Solveig, GTA	Intoxicated (Radio ...	vor 3 Tagen	2:40
Drop That Low (When I Dip)	Tujamo	Drop That Low (W...	vor 3 Tagen	2:40
Bailar - Radio Edit	Deorro, Elvis Cres...	Bailar (Radio Edit)	vor 3 Tagen •••	2:18
Treasured Soul - Radio Edit	Michael Calfan	Treasured Soul	vor 3 Tagen	2:58
I'm an Albatraoz EXPLICIT	AronChupa	I'm an Albatraoz	vor 3 Tagen	2:47
Secrets - Radio Edit	Tiësto, KSHMR, V...	Secrets (Radio Edit)	vor 3 Tagen	3:37
Woke up Like This - DJ Antoine Vs Mad M...	DJ Antoine, Storm	Woke up Like This	vor 3 Tagen	3:08
All Night - 90Bpm	Hot Fitness DJ's	Ultimate Body Pu...	vor 3 Tagen •••	3:24
Stay - Album Version (Edited)	Rihanna, Mikky Ek...	Unapologetic (Del...	vor 3 Tagen	4:01
Say You Won't Let Go	James Arthur	Back from the Edge	vor 3 Tagen	3:31

Abbildung 1.1: Workout-Playlist

1.3 Didaktisch-methodische Überlegungen

Im folgenden Text werden die didaktisch-methodischen Überlegungen zu der Unterrichtsplanung in Kapitel 1.4 dargestellt und erläutert.

In einem ersten Schritt, werden je nach Zielsetzung der Stunde und unter Berücksichtigung der Zielgruppe (Einsteiger) die Kräftigungsübungen ausgewählt. Alle Teilnehmer befinden sich im regelmäßigen Training, sind jedoch noch Einsteiger. Somit werden die Übungen so gewählt, dass ein guter Mix zwischen einfachen und komplexeren Übungen entsteht. Ergänzend hierzu, ist es Aufgabe des Trainers, die Teilnehmer zu kennen, um individuelle Gewichtsempfehlungen zum Starten geben zu können. Mögliche Beschwerdebilder oder Erkrankungen müssen bekannt sein, sodass zur Sicherheit des Teilnehmers eine eventuelle Ausschließung vom Kurs erfolgen kann. Viele der Teilnehmer sind im aktiven Berufsleben und sitzen im Alltag die meiste Zeit, daher wird die spezielle Zielsetzung der Stunde auf die Rücken- bzw. Rumpfstabilisierung gelegt. So wird präventiv gegen spätere Beschwerdebilder gewirkt und das Wohlbefinden der Teilnehmer gesteigert.

Der Aufbau der Übungsreihenfolge wird von stehenden hin zu liegenden Übungen gewählt, sodass ein angenehmer Stundenfluss entsteht. Im Cool Down werden die Übungen so aneinander gereiht, dass die Teilnehmer die Stunde im Stehen beenden können. Des weiteren werden für jede Übungen auch Variationen erstellt, um spontan und individuell auf die einzelnen Teilnehmer eingehen zu können.

Eine weitere Variation kann über die Belastungsnormative erfolgen. Das passende Gewicht zu wählen ist wichtig, für dn Trainingseffekt und für die Sicherheit und gesunde Trainingsweise des Teilnehmers. Es können auch zwei verschiedene Gewichtsvariationen gewählt werden, um effektive Reize zu setzten. Für die Beine kann ein höheres Gewicht benutzt werden, als für Brust oder Bauchübungen. Eine letzte Variation, die er Trainer einsetzten kann besteht zwischen Einzelübungen (hier konzentriert sich jeder Einzelne nur auf seine Ausführung) oder gemeinsamen Übungen zum Takt (Musik und einheitliche Ausführung der Gruppe motiviert).

Vor dem Start des Hauptteils sollten die wichtigsten Sicherheitshinweise wiederholt werden, wie: „fester Griff um die Kurzhantel" und „gute Haltung und saubere Bewegungen, um die Verletzungsgefahr zu mindern".

Die Gruppengröße von 15 Personen ist deshalb in dieser Größe gewählt, damit der Trainer jeden Sportler aktiv wahrnehmen kann und im Bedarfsfall Korrekturhilfe gibt. Die individuelle Betreuung der Mitglieder ist gerade in gesundheitsorientierten Kursen von enormer Bedeutung. Der Trainer muss gekonnt eine geschützte und positive Atmosphäre gestalten und zuerst Gruppenkorrekturen aussprechen und bei Bedarf sensibel Einzelkorrekturen geben. Hierbei ist es wichtig, sowohl verbale, als auch visuelle Korrekturempfehlungen darzustellen. Auch auf genügend Patz um jeden Teilnehmer herum, hat der Trainer zu achten, damit keiner verletzt wird oder sich beengt fühlt.

Dabei ist zu beachten, dass der Trainer ein Vorbild für die Teilnehmer ist und daher bewusst eine überdeutliche und korrekte Übungsausführung vorgibt. Wie die Übungen vorgestellt werden, hängt von der Komplexität ab. Sehr einfache Übungen, die nur über ein oder maximal zwei Gelenke ausgeführt werden, können in der Ganzheitsmethode gezeigt werden. Komplexere, Mehrgelenkige Übungen sollten nach der Teilmethode Stück für Stück aufgebaut werden, um Fehlerbildern bei den Teilnehmern vorzubeugen.

Eine letzte Überlegung zur Art und Weise der Vermittlung von Übungen, gilt dem flexiblen und teilnehmergerechten Einsatz der Vermittlungstechnik. Es wird unterschieden zwischen der deduktiven (lehrerorientiert) und induktiven (teilnehmerorientiert) Lehrmethode. Hier sollte flexibel entschieden, in wie weit die Teilnehmer sich schon selbst ausprobieren können oder ob sie noch eine dominante und ergebnisorientierte Anleitung benötigen.

Die Aufstellungsform ist frontal zum Trainer in Blockform und bei Bodenübungen wird die Gruppe in der Mitte geteilt und Face to Face ausgerichtet. Die Musik ist zur Unterstützung und Motivation und soll für eine angenehme und anregende Atmosphäre sorgen.

1.4 Unterrichtsplanung

Tabelle 1: Einleitung und Warm-Up

Einleitung: 2 Minute, ohne Musik

Begrüßung der Teilnehmer, Nennung der Stundenzielsetzung und allgemeinen Technik-, Trainings- und Sicherheitshinweise, Motivation

Allgemeines Warm-Up: 4 Minuten, mit Musik: 125-130 bpm

Methode: Lineare Progression (LP) , Aufstellungsform: Block Aufstellung (auf Lücke)

Ziel der Übung	Übungsbezeichnung/ -beschreibung	Belastungsgefühl-ge	Bemerkungen/ Hinweise
1. Vorbereitung des Herz-Kreislauf-Systems	Grundstellung + Arme vor dem Körper hochführen, tief einatmen, strecken, Arme über die Seiten wieder senken und ausatmen	3 x jeder in seinem Atemtempo, intensive Streckung	Kontrollierte, große Bewegungen (kgB)
2. Mobilisation der großen Gelenke	March re./li. + Walking Arms	64 Zählzeiten, intensiv	Lineare Progression, Schritt beginnt
3. Anregung der Nervenleitgeschwindigkeit	March re./li. + Außenrotation	64 Zählzeiten, intensiv	LP, Fuß abrollen, kgB
	Side to Side re./li. + Außenrotation	64 Zählzeiten, intensiv	LP, kgB
4. Mentale Einstimmung auf die Stunde	Side to Side re./li. + Side Lift	64 Zählzeiten, intensiv	LP, kgB
	Toe Tap Front re./li. + Side Lift	64 Zählzeiten, intensiv	LP, kgB
	Toe Tap Front re./li. + Overhead Press	64 Zählzeiten, intensiv	LP, kgB
	March Out In re./li. + Overhead Press	64 Zählzeiten, intensiv	LP, kgB

Spezielles Warm-Up: 4 Minuten, mit Musik: 125 bpm

Vorbereitung: - der Beinmuskulatur - der Schultermuskulatur und -gelenke	Dynamische Ausfallschritte mit frontalem Armheben: - aus der Grundstellung (Tab.4) eine Fuß eine Schrittlänge nach vorne fest aufsetzen - hinteres Knie bis knapp vor dem Boden senken und wieder heben - Oberkörper bleibt dabei aufrecht und mittig - geht das Knie tief, werden die Arme gestreckt über vorne nach oben über den Kopf gehoben - geht das Knie wieder hoch, Arme senken	128 Zählzeiten	- Oberkörper wie einen Fahrstuhl in der Mitte gerade hoch und runter bewegen - Blick dauerhaft geradeaus oder schräg Richtung Boden auf einen Fixpunkt - einatmen beim Tiefgehen - ausatmen beim Hochgehen
- Vorbereitung der Beinmuskulatur - Mobilisation der Wirbelsäule - fühlen der Rumpfmuskulatur und Stabilität	Breite und tiefe Kniebeugehaltung: - Füße deutlich breiter als Hüfte aufgestellt - Fußspitzen leicht nach außen gedreht - in die Kniebeugeposition (ca 100°) beugen, dort halten - Arme in W-Haltung neben dem Körper - Oberkörper rotiert nach links und rechts	128 Zählzeiten	- Hüfte bleibt mittig - Powerhouse anspannen - gleichmäßig weiteratmen

Spezielles Warm-Up: 4 Minuten, mit Musik: 125 bpm

Ziel der Übung	Übungsbezeichnung/ -beschreibung	Belastungsgefü- ge	Bemerkungen/ Hinweise
- Vorbereitung der unteren Rücken- muskulatur	Kreuzheben im Stand: - aus der Grundstellung den Oberkörper mit geradem Rücken nach vorne abkip- pen - die Arme Richtung Boden führen - aufrichten bis in die Grundstellung - Kopf immer gerade mit leicht angezo- genem Kinn	128 Zählzeiten	- mit den Armen erst bis Mitte Schienbein, wer kann bei jeder Wie- derholung ein Stück tiefer, aber gerader Rücken
Vorbereitung: - der Bauchmus- kulatur - der Armmuskula- tur - der Koordinations- fähigkeit und des Gleichgewichtsinns	Abwechselndes Knieheben mit diagona- lem Armeinsatz: - aus der Grundstellung wird der Körper- schwerpunkt auf ein Bein verlagert a) - das nicht belastete Bein wird nun an- gewinkelt im 90° nach hinten b) - Arme seitlich ausgestreckt a) + b) = Startposition - das angewinkelte Knie nach vorne oben Richtung Brust ziehen und die dia- gonale Hand Richtung Knie ziehen (ähn- lich schrägem Crunch) - Bein und Arm zurückführen in Startpo- sition	Pro Seite: 128 Zählzeiten	- Bauchmuskulatur aktiv anspannen - beim Knie anzie- hen ausatmen und beim Aufrichten einatmen

Tabelle 2: Hauptteil

Hauptteil: 30 Minuten, mit Musik: 100- 120 bpm

Ziele: Verbesserung der motorischen Fähigkeit Kraftausdauer (und anteilig Koordination)
Anmerkung: bei jeder Übung werden Kurzhantel verwendet, die die Teilnehmer vor Beginn des Hauptteils an ihren Platz holen

Ziel der Übung	Übungsbezeichnung	Übungsbeschreibung	Belastungsgefüge	Bemerkungen/ Hinweise
Kräftigung der Oberschenkelmuskulatur und des Gesäßes	Kniebeugen im Stand (dynamisch)	- Ausgangsposition ist die Grundstellung (siehe Tab. 4) - in jede Hand wird eine Kurzhantel (KH) genommen, die Arme hängen gerade neben dem Körper nach unten, Oberkörper bleibt gerade - dann Kniegelenke dynamisch bis 90°- 100° beugen - Gesäß dabei nach hinten schieben - Beine wieder strecken und in die Ausgangsposition zurückkommen1- Satz	- 1. Satz: 16 Wiederholungen (Wdh.) mit dem Tempo 2-0-2 - 2. Satz: 32 Wdh.,Tempo 1-0-1 - 1 Musikbogen Pause - 3. Satz: 12 Wdh., Tempo 4-0-4 - 1 Musikbogen Pause - 4. Satz: 16 Wdh., Tempo 1-0-1	- um die KH aufzuheben rückengerecht in die Hocke gehen - Knie zeigen in dieselbe Richtung wie die Zehenspitzen - Rücken bleibt gerade
Kräftigung der rückseitigen Rumpfmuskulatur	Butterfly reverse im Stand (dynamisch)	- Beine 45° beugen - Hüfte im rechten Winkel - KH werden in die Hand genommen und Arme in U-Haltung neben den Kopf gehalten - dynamisch aus dieser Position die Arme und Schulterblätter in Richtung Wirbelsäule ziehen und wieder lösen	10 Musikbögen lang variieren zwischen: - 2 ZZ ziehen und 2 ZZ lösen - 3 ZZ ziehen und 1 ZZ lösen - 4 ZZ ziehen und 4 ZZ lösen	- Körper bleibt stabil - nur die Arme und Schultern bewegen sich - bewusst den oberen Teil des Rückens anspannen, beim nach hinten ziehen
Kräftigung der unteren Rumpfmuskulatur	Wirbelsäulenrotation im Kniestand (dynamisch)	- Knie parallel, Füße abgelegt (nicht aufgestellt), Beine und Oberkörper (OK) ab Knien aufgerichtet über dem Kniegelenk - Hände mit KH in U-Haltung neben den Kopf - Ellenbogen mit OK auf einer Linie - OK mit geradem Rücken 30- 45° nach vorne beugen - OK bis zur maximalen Endposition zur Seite rotieren - zurück in die Ausgangsposition und zur anderen Seite	10 Musikbögen lang variieren zwischen: - 2 ZZ nach außen rotieren und 2 ZZ wieder zur Mitte - 4 ZZ nach außen rotieren und 4 ZZ wieder zur Mitte	- Vom Stand rückengerecht über den Ausfallschritt in den Kniestand begeben - Blick schräg Richtung Boden, sodass die Halswirbelsäule in ihrer natürlichen Position bleibt - gleichmäßig weiteratmen - anschließend Hanteln vor der Matte ablegen

Hauptteil: 30 Minuten, mit Musik: 100- 120 bpm
Ziele: Verbesserung der motorischen Fähigkeit Kraftausdauer (und anteilig Koordination)

Ziel der Übung	Übungsbe-zeichnung	Übungsbeschrei-bung	Belastungs-gefüge	Bemerkungen/ Hinweise
Kräftigung der Gesäß- und rückseitigen Rumpfmuskulatur	Vierfüßler-Stand: diagonales Arm und Beinheben (dynamisch)	- ein Bein vom Boden abheben und mit gestrecktem Kniegelenk nach hinten ausstrecken (in Verlängerung des Rückens) - in die diagonale Hand eine KH nehmen und den Arm in Verlängerung des Rückens nach vorne ausstrecken - Arm und Bein beugen und unter dem Bauch Knie- und Ellenbogengelenk zusammenführen (maximale Beugung) - wieder in Ausgangsposition strecken und wiederholen	10 Musikbögen lang variieren zwischen: - 2 ZZ heben und 2 ZZ senken - 4 ZZ heben und 4 ZZ senken	- vom Kniestand nach vorne auf die Hände begeben und eine Hantel zwischen die Hände bereit legen - Schultern bleiben parallel - beim Heben ausatmen, beim Senken einatmen - Powerhouse anspannen, kein Hohlkreuz - Blick bleibt in Richtung Boden gesenkt
Kräftigung der Brustmuskulatur	Enges Bankdrücken mit KH in Rückenlage auf der Matte (dynamisch)	- Start: Rückenlage, Beine sind aufgestellt - Hände nehmen KH und halten diese mit ausgestreckten Armen über der Brust aneinander - Ellenbogen minimal gebeugt - Ellenbogengelenke beugen bis KH knapp über der Brust und wieder strecken	10 Musikbögen lang variieren zwischen: - 1 ZZ hoch und 1 ZZ tief - 1 ZZ tief und 3 ZZ hoch - 3 ZZ hoch und 2 ZZ tief	- Rumpf angespannt und eine Linie - Rücken in Bodenkontakt - wenn nötig Handtuch unter LWS schieben zur Stabilisation - Richtung Boden einatmen, beim Hochdrücken ausatmen
Kräftigung der geraden Bauchmuskulatur (Stabilisation des gesamten Körpers)	Klappmesser Basic (statisch)	- Start in Rückenlage - Arme lang nach oben, Beine lang nach unten gestreckt - mit den Händen eine KH greifen - Rumpfmuskulatur fest anspannen und Arme/ Beine vom Boden abheben und über dem Körper Hände Richtung Füße führen, dort halten	4 Musikbögen lang halten - je nach Teilnehmer kurze Pause nach jedem Musikbogen einfügen	- Blick Richtung Füße - gleichmäßig weiteratmen

Hauptteil: 30 Minuten, mit Musik: 100- 120 bpm

Ziele: Verbesserung der motorischen Fähigkeit Kraftausdauer (und anteilig Koordination)

Ziel der Übung	Übungsbezeichnung	Übungsbeschreibung	Belastungsgefüge	Bemerkungen/ Hinweise
Variation zum Basic	Klappmesser (dynamisch)	- Start der Übungsausführung wie im Basic (s.o.) - jedes mal nachdem die Hände Richtung Füße gezogen haben, Arme und Beine wieder gestreckt nach oben/ unten absenken - kurz vor Bodenberührung wieder heben und wiederholen	3 Musikbögen: - 2 ZZ nach oben ziehen und 2 ZZ wieder senken (8 Wiederholungen) - 32 ZZ Pause - 8 Wiederholungen auf ZZ 2-0-2 wiederholen	- Hüfte und LWS bleibt stabil auf Matte liegen - nach oben ausatmen, beim senken einatmen
Variation 2 (zusätzlich wird die schräge Bauchmuskulatur traininiert)	Klappmesser, Hände links/ rechts (dynamisch)	- Übungsaufbau wie im Basic (s.o.) - Durchführung wie bei dem dynamischen Klappmesser, nur das die Hände nicht zu den Füßen ziehen, sondern beim Heben immer abwechselnd links oder rechts dran vorbeiziehen	3 Musikbögen lang variieren zwischen: - 2 ZZ in eine Richtung heben und 2 ZZ wieder senken (dann andere Seite) - 4 ZZ senken und 4 ZZ wieder hoch	- Schultern jeweils mitdrehen, um Rotation im Bauch zu erreichen und somit die schrägen Bauchmuskeln zu beanspruchen - von der Rückenlage mit KH in der Hand auf die Seite rollen
Kräftigung des Gesäßes und der Oberschenkelaußenseite	Beinheben Seitlage (Abduktoren) (dynamisch)	- Seitenlage - Kopf liegt auf nach oben ausgestrecktem Arm ab - die Hand des anderen Arms liegt mit einer KH auf dem oberen Bein lang ausgestreckt - das untere Bein drückt fest in den Boden zur Stabilisation - obere, gestreckte Bein nun nach oben abspreizen und wieder senken, KH bleibt dabei dauerhaft auf Oberschenkel liegen	5 Musikbögen lang (pro Seite) variieren zwischen: - 2 ZZ heben und 2 ZZ senken - 4 ZZ heben und 4 ZZ senken - 3 ZZ heben und 1 ZZ senken	- einatmen beim Beinsenken, ausatmen beim Heben - Hüfte leicht nach vorne gekippt - das untere Bein kann zur Stabilisation im 90° Winkel nach hinten abgeknickt werden
Kräftigung rückseitigen Rumpfmuskulatur	Schwimmer (dynamisch)	- Bauchlage, Blick zum Boden, in jeder Hand eine KH, Arme liegen lang nach vorn gestreckt auf dem Boden - Beine und Arme in die Luft heben - die Ellenbogen abwechselnd seitlich Richtung Hüfte hinunterziehen (beugen) und wieder nach oben strecken	10 Musikbögen lang variieren zwischen: - 3 ZZ beugen und 1 ZZ strecken - 2 ZZ beugen und 2 ZZ strecken - Pause möglich je nach Teilnehmer - 1 ZZ beugen und 1 ZZ strecken	- während gesamter Übung haben Beine und Arme keinen Bodenkontakt - Kopf angehoben zwischen Kinn und oberen Brustbeinende eine Faustbreite Platz

11/15

Tabelle 3: Cool Down und Abschluss

Cool Down: 4 Minuten, mit Musik: ohne Beat

Ziele: Erhaltung der Beweglichkeit, Steigerung des Wohlbefindens, Regeneration einleiten, Ausklang der Stunde

Ziel der Übung	Übungsbezeich-nung	Übungsbe-schreibung	Belastungsgefü-ge	Bemerkungen/ Hinweise
- Dehnung und Lockerung der seitlichen Rumpfmuskulatur - Erhaltung der Beweglichkeit - Entspannung	Dehnung der seitlichen Rumpfmuskulatur (statisch) plus Hüftschaukeln in der Mitte	- Rückenlage - Beine im Kniegelenk anwinkeln - Arme 90° vom Körper abgespreizt auf dem Boden - Dehnung einnehmen, indem die angewinkelten Beine zur Seite auf den Boden abgelegt werden - zurück zur Mitte, dort Knie mit Händen umfassen und die Hüfte locker schaukeln - dann andere Seite wie die erste dehnen	Einmal pro Seite 20 Sekunden halten, in der Mitte 10 Sekunden schaukeln/kugeln	- gleichmäßig atmen - Schultergürtel bleibt permanent im Bodenkontakt
- Dehnung der Wirbelsäulenumgebenden- und Brustmuskulatur - Lockerung und Entspannung	Kindsstellung (statisch)	- in den Vierfüßler-Stand kommen - Gesäß nach hinten auf die Fersen absenken und dort halten - Arme nach vorne gestreckt auf dem Boden halten - Stirn Richtung Boden, Nacken entspannt	Einmal 30 Sekunden halten	- Augen können geschlossen werden - gleichmäßig ausatmen und entspannen - nach der Übung vom Vierfüßler-Stand in den Kniestand kommen
- Dehnung der Hüftbeugemuskulatur - Lockerung - Vorbereitung um zum Stundenende wieder in den Stand zu kommen	Hüftbeugemuskulatur dehnen im Kniestand (statisch)	- vom Kniestand einen Fuß vor den Körper aufstellen, sodass das vordere Bein im Kniegelenk gebeugt ist und der Fuß vor dem Knie steht - hintere Bein liegt mit Knie und kompletten Unterschenkel auf dem Boden auf - Körperschwerpunkt nach vorn unten verlagern und Becken absenken, dort halten	Einmal pro Seite 20 Sekunden halten	- Oberkörper aufrecht und mit Händen auf dem vorderen Bein abstützen - kein Hohlkreuz - nach beidseitigen Dehnung über einen Ausfallschritt in den Stand kommen

Cool Down: 4 Minuten, mit Musik: ohne Beat

Ziele: Erhaltung der Beweglichkeit, Steigerung des Wohlbefindens, Regeneration einleiten, Ausklang der Stunde

Ziel der Übung	Übungsbezeich-nung	Übungsbe-schreibung	Belastungsgefü-ge	Bemerkungen/ Hinweise
- Dehnung der vorderseitigen Oberschenkelmuskulatur	Oberschenkelvorderseite im Stand (statisch)	- aus der Grundstellung wird mit einer Hand das gleichseitige, gebeugte Bein am Unterschenkel umfasst, sodass sich die Ferse auf Höhe des Gesäßes befindet - Dehnung einnehmen, indem das Becken gekippt und die Ferse maximal zum Gesäß gezogen wird	Einmal pro Seite 20 Sekunden halten	- Hüfte bleibt gerade, nicht eine Seite hängen lassen - Oberschenkel bleiben dauerhaft parallel zueinander - der freie Arm kann den Oberkörper ausbalancieren - Standbein leicht gebeugt
- Dehnung und Lockerung der Schulterblattfixatoren - Erhaltung der Beweglichkeit - Entspannung	Schulterblattfixatoren dehnen im Stand (dynamisch)	- aus der Grundstellung Hände vor dem Körper verschränken und Arme in Schulterhöhe nach vorne strecken - Dehnung einnehmen, indem die Schulterblätter aktiv weg von der Wirbelsäule (WS) nach vorne gezogen werden - Kopf zusätzlich nach vorne neigen - Schulterblätter ein Stück zurück zur WS führen und Kopf leicht anheben zur Lockerung der Dehnung	40 Sekunden lang dehnen und lösen im Wechsel	- wenn die Hände vom Körper wegziehen ausatmen, beim Lockern einatmen - Schultern bleiben tief - zwischen wegziehen von der WS und leicht zurückführen mit der Atmung dynamisch wechseln
- Entspannung und Lockerung - bewusste Atmung und Aktivierung Teilnehmer zum Stundenende	Tief ein und ausatmen mit Streckung hoch und fallen runter	- Beine stehen etwas breiter als hüftbreit und sind leicht gebeugt - beim Einatmen Arme über den Kopf lang nach oben strecken - beim Ausatmen die Knie beugen und Oberkörper, sowie Arme nach unten kippen	Mehrfach in 30 Sekunden jeder in seinem Tempo/ Atmung hoch und runter	- oben richtig lang strecken: Blickrichtung Hände - unten locker und entspannt hängen lassen

Abschluss: ca. 1 Minute, ohne Musik

Verabschiedung der Teilnehmer, Danken für die Teilnahme, Aufräumen, evtl. Informationen über Angebote und Aktionen im Studio

Tabelle 4: Die Grundstellung

Was kennzeichnet die Grundstellung?
- Fußgelenke unter den Hüftknochen positioniert - ganzer Fuß hat Bodenkontakt und ist auf Ferse und Fußaußenkante belastet - Knie sind leicht gebeugt und stabil - Powerhouse (Bauchmuskulatur, Beckenboden und untere Rückenmuskulatur) ist angespannt - Schultern zurück und tief rotiert/ gezogen - Arme hängen neben dem Körper - Handflächen zeigen zum Körper oder leicht nach vorne - Blick geht geradeaus

2   Abbildungs- und Tabellenverzeichnis

2.1   Abbildungsverzeichnis

Abbildungsverzeichnis

2.2   Tabellenverzeichnis

Tabellenverzeichnis

BEI GRIN MACHT SICH IHR WISSEN BEZAHLT

- Wir veröffentlichen Ihre Hausarbeit,
  Bachelor- und Masterarbeit

- Ihr eigenes eBook und Buch -
  weltweit in allen wichtigen Shops

- Verdienen Sie an jedem Verkauf

Jetzt bei www.GRIN.com hochladen und kostenlos publizieren